AF456169

Imp. Parrault & Cie, 3, passage Nollet, Paris.

J.

1891. Novembre 23

Vente des Lundi 23 et Mardi 24 Novembre 1891

HOTEL DROUOT, SALLE N° 4

ESTAMPES

TABLEAUX — DESSINS
FAÏENCES
LIVRES — OBJETS DIVERS
GRAVURES EN LOTS

Formant la Collection de M. L.

Me Maurice DELESTRE
Commissaire-priseur
27, RUE DROUOT, 27

M. P. ROBLIN
Marchand d'Estampes
65, RUE SAINT-LAZARE, 65

Exposition Publique

Le Dimanche 22 Novembre de 2 heures à 5 heures

CATALOGUE

D'ESTAMPES

DE

L'École Française du XVIIIe siècle

ET DE

L'École Anglaise

Imprimées en Noir et en Couleur

TABLEAUX — DESSINS

GOUACHES — MINIATURES — OBJETS DIVERS

125 pièces Faïence ancienne

ET ENVIRON

4,000 Estampes en Noir et en Couleur

PORTRAITS — DESSINS — VIGNETTES EN LOTS

Le tout composant la Collection de M. L.

DONT LA VENTE AUX ENCHÈRES PUBLIQUES AURA LIEU

HOTEL DES COMMISSAIRES-PRISEURS

9, Rue Drouot. — Salle n° 4

Les Lundi 23 et Mardi 24 Novembre 1891

A 2 heures très précises

Exposition Publique le Dimanche 22 Novembre

de 2 heures à 5 heures

Par le ministère de Me Maurice **DELESTRE**, Commissaire-Priseur,
27, Rue Drouot, 27

Assisté de **M. P. ROBLIN**, Marchand d'Estampes,
65, rue Saint-Lazare, 65

PARIS — 1891

CONDITIONS DE LA VENTE

Elle sera faite au comptant.

Les Acquéreurs paieront *cinq pour cent* en sus des enchères applicables aux frais.

M. P. ROBLIN se réserve la faculté de rassembler ou de diviser les lots, et se charge de remplir les Commissions des personnes qui ne pourraient assister à la Vente.

ORDRE DES VACATIONS

Lundi 23 novembre,	*Tableaux.*	Nos	1 à 16
— —	*Dessins, Gouaches, Miniatures.*	—	17 à 47
— —	*Faïences.*	—	48 à 97
— —	*Objets Divers.*	—	98 à 111 *bis*
— —	*Livres.*	—	403 à 431
— —	*Gravures et Dessins en Lots.*	—	47 et 402

L'ordre numérique ne sera pas suivi.

Mardi 24 novembre, *Estampes.* . . . . No 112 à 401

L'ordre du Catalogue sera suivi.

TABLEAUX

1 **Demachy**. Animaux sous une ruine, panneau, encadré.

2 **École flamande.** Joueurs à la boule flamands, médaillon, encadré.

3 **École française** du XVIIIe siècle. Portrait d'une femme tenant un oiseau, entourée de ses enfants, composition de quatre personnages.

4 — Portrait de femme en costume Louis XVI, ovale, encadré.

5 — Portrait de femme âgée, tenant une rose, costume Louis XVI, encadré.

6 — Une tricoteuse, le bonnet orné d'une cocarde tricolore, panneau encadré.

7 — Portrait de jeune fille... (Marie-Thérèse-Charlotte, fille de Louis XVI ?) panneau ovale encadré.

8 — La chevalière d'Éon ? peinture en médaillon sur bois, cadre en losange.

9 **École française** du XIXe siècle. Jeune fille lisant de la musique, encadré.

10 — Portrait d'homme (Fauche-Borel), peinture sur métal, cadre.

11 — Portrait de femme en costume de la Restauration, encadré.

12 **Freudenberg** (attribué à). La gaieté conjugale, encadré.

13 **Garand** (attribué à). Portrait de Madame de Graffigny, encadré.

14 **Le Poitevin** (attribué à). Habitation de pêcheurs sur une plage, cadre.

15 Paysannes hollandaises. Portrait de Van Dyck, trois pièces.

16 Cinq toiles, portraits de femmes de diverses époques (sera divisé).

GOUACHES, MINIATURES

DESSINS

17 **Augustin**. Femme en joli costume, mettant ses bas, superbe gouache encadrée, signée.

18 **Beaumont** (attribué à de). Femme à sa toilette, dessin à la mine de plomb rehaussé de gouache. Cadre.

19 **Charlier** (attribué à). Léda, Amphitrite, deux petites gouaches encadrées.

19 *bis* **Couture**. Joconde, dessin in-4° à la pierre noire, très poussé. On y a joint la gravure.

20 **Dieudonné**. Deux costumes de femmes, petites aquarelles signées, 1818.

21 **Dubasty**. Portrait de femme, époque 1840, miniature signée. Cadre.

22 **École anglaise**. Portrait de jeune femme assise, médaillon à la plume et à l'aquarelle, encadré.

23 **École française** du XVIIIe siècle. Jeune femme en costume Louis XVI donnant à manger aux poules, belle gouache encadrée.

24 — Quatre portraits de femme, profils à la gouache. Cadres ronds en bois sculpté.

25 — Jeune femme tenant un chien, aquarelle. Cadre.

26 **Fixé**. Jeune femme à sa toilette, composition ovale; encadré.

27 — Scènes enfantines, compositions en largeur, deux pièces; cadres.

28 — Portrait de femme, époque Empire, cadre,

29 — Deux petits paysage, cadre en cuivre.

30 **Isabey** (attribué à). Portrait de jeune fille, médaillon à la mine de plomb. — Deux petits paysages attribués à J. Vernet 3 pièces dans un cadre.

31 — Portrait de jeune femme, jolie miniature, sur parchemin cadre.

32 **Isabey** (d'après). Portrait du Roi de Rome, aquarelle encadrée.

33 **Jeanron**. Insurgés de 1830, cinq compositions au fusain et crayon noir, signées, encadrées.

34 **Laurent**. Portrait de la Ctesse de Noirevillle? gouache, signée, 1825; cadre cuivre.

35 **Le Carpentier**. Portrait de jeune femme, de profil, dessin à la pierre noire rehaussé de sanguine, dans un entourage Louis XVI; cadre.

36 **Miniature**. Jeune femme en costume Louis XV tenant une corbeille de fleurs; cadre.

37 — Portrait de Gustave III, roi de Suède.

38 — Portrait de femme assise méditant, costume Louis XVI; cadre.

39 — Portrait de Théroigne de Méricourt? signé M...., 1793; cadre.

40 — Madame Dussek? pinçant de la lyre; cadre.

41 — Jeune femme, écoutant une montre, costume Empire; cadre.

42 **Pastel**. Portrait de femme en costume Louis XV, encadré.

43 **Traviès**. Tais-toi vilain merle! aquarelle signée.

44 **Vincent** (attribué à). Deux portraits au pastel, faisant pendants, dans le même cadre.

45 **Vingt-sept dessins** gouaches, fixés, miniatures, encadrés (sera divisé).

46 **Album** contenant trente dessins et quelques gravures par Traviès, Ch. de Luna, Bellangé, Geraut, Dantan, E. Berat.

47 Sous ce numéro il sera vendu par lots environ deux cents dessins et aquarelles modernes par Isambert, Dupandant, Calame, Van-Parys, J. Coignet, Montpezat, Sauvageot, etc.

FAÏENCES

48 — Une potiche Delft, à pans octogones, décor bleu à fleurs.

49 — Une potiche à pans octogones, vieux Japon, décor bleu.

50 — Une bouteille gourde, décor bleu, à lambrequins et fleurs.

51 — Une petite potiche Delft, décor bleu à fleurs.

52 — Quatre potiches vieux Delft à pans octogones, décor bleu à fleurs et à personnages (sera divisé).

53 — Une bouteille Delft, décor bleu, à pans octogones.

54 — Un cornet Delft, décor bleu à rinceaux, avec fleurs et oiseaux.

55 — Une paire potiches Delft, décor bleu à fleurs.

56 — Une bouteille vieux Japon, décor bleu.

57 — Un vase de milieu vieux Delft, avec décor bleu, style chinois.

58 — Une paire vases ovoïdes de Delft, décor bleu à compartiments.

59 — Une paire petites potiches de Delft, décor bleu, fleurs.

60 — Un plat rond de Delft, décor bleu, fleurs.

61 — Un plat rond de Delft, décor japonais à compartiments.

62 — Six plats ronds de Delft, décor bleu, fleurs (sera divisé).

63 — Deux plats ronds, faïence italienne, décor de guirlandes et de fleurs.

64 — Un plat à barbe de Sinceny, décor polychrome.

65 — Un saladier vieux Rouen, décor bleu.

66 — Un petit saladier vieux Rouen.

67 — Un saladier faïence de Nevers.

68 — Un grand plat ovale contourné, faïence de Sceaux, décor à fleurs.

69 — Un plat rond, décor bleu à compartiments, de Saint-Omer.

70 — Un plat octogone, décor bleu, de Saint-Omer.

71 — Un plat rond de Hesdin, sujet cavalier.

72 — Un compotier octogone vieux Rouen, décor bleu et rouge.

73 — Un plat ovale contourné, vieux Rouen.

74 — Une paire jardinières appliques, faïence de Nevers, décor fleurs.

75 — Deux raviers faïence de Marseille, décor paysages en camaïeu vert.

76 — Deux compotiers, décor fleurs, faïence de Strasbourg.

77 — Deux assiettes de Forges-les-Eaux, sujets oiseaux et personnages.

78 — Deux petits chiens faïence, décor bleu.

79 — Sept assiettes vieux Japon, décor bleu.

80 — Six assiettes faïence de Marseille, Strasbourg et Moustier (sera divisé).

81 — Six assiettes en porcelaine décorée, sujets fleurs.

82 — Deux compotiers porcelaine décorée, sujets fleurs.

83 — Cinq assiettes dentellées à jour.

84 — Six assiettes Sèvres, décor oiseaux.

85 — Un plateau octogone porcelaine decorée, style Empire.

86 — Deux compotiers porcelaine décorée.

87 — Neuf assiettes dépareillées à décors gracieux du XVIIIe siècle et de l'Empire (sera divisé).

88 — Une grande tasse porcelaine décorée, fleurs.

89 — Deux tasses porcelaine, sujet : Lotte et Werther.

90 — Une tasse porcelaine décorée, sujet : entrée de Henri IV dans Paris.

91 — Une tasse porcelaine décorée, sujet : Corinne au cap Micène.

92 — Une tasse porcelaine décorée, sujet : fleurs.

93 — Une tasse porcelaine décorée, sujet : tête de jeune fille.

94 — Deux tasses porcelaine décorée, sujets : militaires.

95 — Un petit sucrier, un pot à lait, deux pièces.

96 — Vingt tasses porcelaine décorée, sujets : fleurs, figures, sujets gracieux, paysages, militaires, etc. (sera divisé).

97 — Deux pots en verre.

OBJETS DIVERS

98 — Une petite pendule Louis XVI, montée sur quatre colonnes avec draperies et griffes de lion.

99 — Un cartel de voyage, en bronze, supporté par deux sphinx, époque Empire.

99 *bis* — Un baromètre ; cadre ovale Louis XVI avec nœud de ruban.

100 — Une paire petits flambeaux Louis XVI, en plaqué.

101 — Deux médaillons en bronze de David d'Angers. (A. de Vigny, Léon Cogniet).

102 — Sept petits médaillons en bronze, Jeanne-d'Arc, Diogène, Ronsard, Boileau, Desnoyers, etc.

103 — Quatre petits médaillons en cuivre repoussé, époque de l'Empire.

104 — Trois médailles romaines, un médaillon en bronze représentant les nymphes scrupuleuses, quatre pièces.

105 — Deux médaillons en cuivre doré, Jean-Jacques-Rousseau et Voltaire.

106 — Trois médailles bronze, Duchesse de Berry, Napoléon, Mis de la Rochejacquelin.

107 — Médaillon en bronze, profil de femme (Madame Royale ?) époque Empire.

108 — Douze médaillons, en vieil étain, prise de la Bastille, bataille de Marengo, portraits de Bonaparte, Joséphine, Cambacéres, etc., etc.

109 — Une médaille de Sainte-Hélène.

110 — Deux nœuds de ruban en cuivre.

111 — Garniture de commode, treize pièces en cuivre.

111 *bis* — Un canapé Louis XVI.

ESTAMPES

ALIX (P.-M).

112 — Bailly. — Boileau, deux portraits d'après Rigaud et Garnerey.

113 — Boileau Despréaux, d'ap. Rigaud ; belle épreuve avant la lettre, grandes marges.

114 — Bossuet. — Buffon. — Condillac, trois portraits; épreuves à grandes marges, dont une avant la lettre.

115 — Marie-Anne-Charlotte Corday; épreuve avec marges.

116 — Jacques Delille; épreuve à toute marge.

117 — Descartes. — P. Corneille. — Fontenelle, trois portraits; belles épreuves, grandes marges.

118 — P.-L. Dubus Préville en couleur; belle épreuve, sans marges.

119 — Guillaume Tell. — Helvetius. — Solon. — Lucius Junius Brutus, quatre portraits.

120 — Jean de Lafontaine; superbe épreuve avant la lettre, le nom des artistes à la pointe; grandes marges.

ALIX (P.-M).

121 — Lavoisier. — Linné. — Lycurgue. — Mably, quatre portraits; belles épreuves, dont une avant la lettre.

122 — Jean Racine; belle épreuve avant la lettre, le nom des artistes à la pointe; grandes marges.

123 — Lamoignon de Malesherbes. — Marat. — Voltaire, trois portraits; belles épreuves; marges.

ALMANACH

124 — Trente-trois sujets sur huit feuilles pour les années 1769, 1793, 1797, 1798; belles épreuves.

ANONYME

125 — Marie-Thérèse-Charlotte, fille de Louis XVI, ovale, encadré; belle épreuve avec marges.

126 — Théroigne de Méricourt, ajustant une plume à son chapeau, gravure à l'eau-forte; belle épreuve, petites marges.

ARDELL (J. Mac.)

127 — J. Punt, peintre graveur, d'après G.-V. de Mijn; deux épreuves avec marges, dont une avant toute lettre, imprimée en bistre.

BALLONS (Pièces sur les).

128 — Mrs Sage, gravé par T. Burke, d'après Shelly; belle épreuve imprimée en bistre, petites marges.

129 — M. Garnerin, aéronaute; épreuve à toute marge.

130 — Ascension de Madame Garnerin, expériences aérostatiques de M. Robert, trois pièces, dont une à l'eau-forte pure; belles épreuves.

131 — Vue perspective de la ville de Rodez, capitale de Rouergue, avec la Montgolfière construite par l'abbé Carnus; épreuve avec petites marges.

BALLONS (Pièces sur les).

132 — Gulliver..... lithographie originale de Ferdinand d'Orléans; belle épreuve sur papier de Chine, à toute marge.

133 — Charles, aux Tuileries, deux portraits par Le Beau et Miger; belles épreuves, grandes marges.

134 — Etienne de Montgolfier. — Joseph de Montgolfier, deux portraits, par Le Beau; épreuves à toute marge.

BACQUOY (Mme)

135 — Quatre médaillons pour dessus de boites, d'après Moreau le Jeune; épreuves avant la lettre, imprimées en bistre, marges.

BARBIÉ (J.)

136 — Comte d'Estaing. — Général Wolff, deux portraits; belles épreuves, dont une à toute marge.

BARTOLOZZI (Fr.)

137 — Miss Bingham. — Lady Spencer, d'après Reynolds, deux portraits en couleur faisant pendants, très belles épreuves, encadrées petites marges.

138 — Mrs Gautherot, violoniste, d'après Violet, encadré; belle épreuve, petites marges.

139 — Portrait d'homme ovale, d'après Lawrence, encadré; belle épreuve avant la lettre, grandes marges.

140 — Portrait de jeune femme, ovale encadré; belle épreuve, marge.

BARTOLOZZI et **HARDY**

141 — Joseph Haydn, deux portraits in-4°; belles épreuves, avec marges.

BASSET (A Paris, chez).

142 — Mlle Desbrosse, actrice, médaillon en couleur, encadré; belle épreuves, marges.

BASSET (A Paris chez).

143 — La Liberté. — L'Égalité, deux pièces, médaillons en couleur, d'après Desrais; belles épreuves, à toute marge.

BAUDOUIN (d'après P.-A.)

144 — Les Amours champêtres, par P.-P. Choffard; belle épreuve, petites marges.

145 — Le fruit de l'amour secret, par Voyez le jeune; belle épreuve, grandes marges, encadrée.

146 — Sa taille est ravissante... — Jusque dans la moindre chose, deux pièces par Le Beau et Masquelier; belles épreuves, avec marges, encadrées.

147 — La Sentinelle en défaut, par N. de Launay; épreuve à très grandes marges.

BEAUVARLET

148 — Le Comte d'Artois enfant et Mademoiselle Clotilde, assise sur une chèvre, d'après Drouais; belle épreuve à toute marge.

149 — Les Enfants du duc de Béthune, d'après Drouais; belle épreuve, marges.

150 — La lecture espagnole; superbe épreuve avant toute lettre, grandes marges.

151 — La Sultane. (Mise de Pompadour), d'après Carle Vanloo; très belle épreuve, petites marges.

BERGNY (A Paris chez)

152 — La marchande de citrons, ovale en couleur, encadré; épreuve avec petites marges.

BÉRICOURT (d'après)

153 — Les petits soldats. — Le point d'honneur, deux pièces en couleur, encadrées; belles épreuves, grandes marges.

BOILLET (J.-N.)

154 — Quatuor de Lucile, acte 1er, d'après Doublet; belle épreuve avec marges.

BOILLY (d'après L.)

155 — L'amant favorisé, en couleur, par Petit; belle épreuve, avant la lettre, marges.

156 — Le cadeau, en couleur, par Petit; épreuve avant toute lettre, grandes marges.

157 — Première scène de voleurs. — Deuxième scène de voleurs, deux pièces faisant pendants, gravées en couleur par Gror; belles épreuves, marges.

158 — Voilà ma mère, nous sommes perdus, gravure en couleur, encadrée; épreuve avec marges.

BOILLY & DE GOUY (d'après)

159 — Sujets gracieux, quatre pièces en couleur, dont trois sur satin, cadres cuivre; belles épreuves sans marges.

BONNET

160 — Madame Duval. — Portrait d'homme de profil, deux portraits faisant pendants; belles épreuves dont une avant toute lettre.

161 — Têtes de femmes à la sanguine, d'après Le Clerc, trois pièces; belles épreuves, marges.

162 — Têtes de femmes, avec encadrement, aux trois crayons, d'après Le Clerc, deux pièces faisant pendants; belles épreuves avec marges.

BONNET (Paris, chez)

163 — L'amant écouté, gravé en couleur; très belle épreuve, marges.

164 — Le scrupule, gravure en couleur; belle épreuve, marges.

165 — Vases de fleurs, d'après Carle et Van Huysum, trois pièces en couleur; très belles épreuves, deux sont glomisées.

BOUNIEU

166 — La leçon ennuyeuse (Mlle Bounieu et M. de Lansac) manière noire; superbe épreuve avant toute lettre, en feuille.

BOUNIEU (d'après)

167 — L'innocence sous la garde de la fidélité, par N. Ponce; belle épreuve avant la lettre, en feuille.

BOSIO (D.)

168 — Le lever des ouvrières en linge. — Le coucher des ouvrières en linge, deux pièces coloriées faisant pendants; très belles épreuves, grandes marges.

BOUCHER (d'après F.)

169 — Vénus couchée, gravure aux trois crayons, par L. Bonnet 1768; belle épreuve, collée.

BRACQUEMOND (F.)

170 — Alexandre Dumas, d'après J. Guichard; épreuve avant l'adresse de l'imprimeur.

BUMBURY (d'après)

171 — Charlotte. — Ninette, deux pièces faisant pendants, gravées en couleur, par Roze le Noir; belles épreuves, grandes marges.

CAMPION (Le)

172 — Vue du port de Marseille, ovale en couleur, d'après Harmitte; très belle épreuve, grandes marges.

173 — Vue du port de Saint-Malo, ovale en couleur.

CAMPION (A Paris, chez Le)

174 — Le maréchal-de-logis, manière noire; belle épreuve, marges.

175 — Vue de la Bastille, deux pièces en médaillon, gravées en couleur par Roger et Guyot; belles épreuves avec marges.

CATHELIN

176 — M. le comte de Provence. — Mme la comtesse de Provence, deux portraits d'après Drouais ; belles épreuves, avant toute lettre en feuilles.

177 — Marie-Adélaïde-Clotilde-Xavier de France, Princesse de Piémont. — Marie-Thérèse, princesse de Savoie, comtesse d'Artois ; deux portraits d'après Drouais et Ducreux ; belles épreuves à toute marge.

CERNEL (Madame de)

178 — Joseph, François, marquis Dupleix, ovale en couleur, d'après Sergent ; belle épreuve, marges.

CHAILLIOU (Elisabeth)

179 — Le mariage d'Héloïse et d'Abeilard, d'après J.-B. Huet ; belle épreuve en couleur, marges.

CHAPONNIER (Al.)

180 — Femme à sa toilette, d'après F. S. Fournier ; épreuve avant la lettre, marges.

CHAPUY (J.-B.)

181 — Les amusements champêtres, en couleur, d'après Pietkin ; très belle épreuve avec marges.

CHARDIN (d'après)

182 — La gouvernante. — La mère laborieuse, deux pièces faisant pendants, par Lépicié ; belles épreuves, avec marges.

183 — La pourvoieuse, par Lépicié ; épreuve à toute marge.

184 — Le Benedicité. — La nonchalante, deux pièces, par Haïd ; épreuves avec petites marges.

CHATAIGNER (A Paris, chez)

185 — Bonaparte, 1er consul, gravure en couleur ; belle épreuve avec marges.

CHAZAL

186 — Fleurs et fruits, d'après Van 'Huysum, trois pièces ; épreuves en couleur avant la lettre, marges.

CHEREAU (A Paris, chez)

187 — Le matin. — Le midi. — Le soir. — La nuit, quatre pièces faisant pendants ; épreuves à grandes marges.

CHODOWIECKY (d'après)

188 — Hôtel de Vénus, par Glassbach, encadré ; belle épreuve, avec marges.

CHOFFARD |(P.-P.)

189 — Diplôme des francs-maçons de Bordeaux, d'après Boucher ; superbe épreuve du premier état avant la lettre, grandes marges.

190 — Diplôme de franc-maçonnerie, avec le portrait du duc de Chartres, d'après Monnet ; très belle épreuve de premier état, non terminée avant la lettre, grandes marges.

CHOFFARD (d'après P.-P.)

191 — Bal paré et masqué, par Née ; superbe épreuve, grandes marges,

CHRÉTIEN

192 — Louis XVI en garde nationale ; épreuve avant toute lettre.

193 — Madame Roland. — Me Dubois-Dubais, portraits d'hommes, six pièces encadrées ; belles épreuves; dont deux coloriées.

CIVIL (A Paris, chez)

194 — La chercheuse de puces. — Comparaison du bouton de rose, deux pièces ; épreuves tirées à la sanguine, marges.

COCHIN LE FILS (d'après C.-N)

195 — Allégorie à l'institution de l'Ecole royale militaire, par Gallimard ; épreuve à l'eau-forte pure, marges.

COCHIN LE FILS (d'après C.-N.)

196 — Les progrès des études du roi, frontispice; épreuve à l'eau-forte pure, grandes marges.

197 — Eugénie ou la noblesse, portraits de Marie-Antoinette et de sa mère, Marie-Thérèse, par Rousseau; épreuve à toute marge.

198 — Portraits de Louis le Grand, gravés suivant les différents âges, par A. Benoist; belle épreuve avant la dédicace, grandes marges.

199 — La blanchisseuse. — La charbonnière, deux pièces faisant pendants, par Ravenet et M. M. Thévenard; épreuves à toute marge.

COIFFURES

200 — Dix portraits de femmes des XVIIe et XVIIIe siècles, dont six avant la lettre; belles épreuves.

201 — Deux têtes de femmes, profils en couleur, encadrés; belles épreuves.

202 — Deux médaillons coloriés, scènes de mœurs, encadrés.

COYPEL (d'après)

203 — La matrone d'Ephèse, par L. Desplaces; belle épreuve à toute marge.

DAVESNE (d'après)

204 — L'amant regretté, par Voyez le jeune; belle épreuve ave marges.

DAVID (Fr.-A)

205 — Thésée domptant le Taureau de Marathon, d'après Carle Vanloo; belle épreuve avant toute lettre, marges.

DAVID (d'après L.)

206 — Cérémonie du sacre de Napoléon Ier, lithographie non signée; belle épreuve avant la lettre, grandes marges.

DEBUCOURT (P.)

207 — Le compliment, ou la matinée du jour de l'an. — Les bouquets ou la fête de la grand'maman, deux pièces en couleur faisant pendants; superbes épreuves avec marges.

208 — Le menuet de la mariée; belle épreuve encadrée.

209 — Calendrier républicain, an III; superbe épreuve en feuilles.

210 — Minet aux aguets, superbe épreuve avant toute lettre et toute marge, encadrée.

211 — L'orange.— Les visites, deux pièces faisant pendants; épreuves avec marges.

212 — Les galans surannés, ou les petits papas à la mode. — La coquette et ses filles, ou une mère à la mode, deux pièces faisant pendants, encadrées; belles épreuves, marges.

213 — Le jour de l'an, encadré; très belle épreuve, grandes marges.

214 — Berline arrêtée par la neige, gravé en couleur; très belle épreuve avant la lettre, à toute marge.

215 — Passez-Payez, d'après Carle Vernet, en couleur; épreuve avec marges.

216 — Le rempailleur de chaises " portrait de Tiercelin ", d'aprés Carle Vernet, belle épreuve avant la lettre, en bistre; grandes marges.

217 — Route de Poissy, d'après Carle Vernet, en couleur; belle épreuve, marges.

218 — Le modèle à barbe. — Le gastronome sans argent. — Cosaque régulier de la garde, trois pièces; épreuves en bistre et en couleur, dont une avant la lettre.

219 — Course de traîneaux à Krasnoi-Kabak, en couleur; belle épreuve avant la lettre, en feuille.

DEMARTEAU

220 — Vénus et l'amour, ovale aux deux crayons, encadré ; très belle épreuve, petites marges.

221 — La Justice protège les arts, d'après Cochin, sanguine ; belle épreuve, avec marges.

DEMOUCHY

222 — Le repos agréable. — L'heureux tête à tête. — La bergère couronnée. — L'amant dangereux, quatre pièces faisant pendants, d'après B. Lang ; belles épreuves, grandes marges.

DENON (Vivant)

223 — Le dîner des philosophes ; épreuve avant toute lettre, marges.

DESCOURTIS

224 — L'amant surpris, en couleur, d'après Schall, encadré ; très belle épreuve, avec marges.

DUGOURE (d'après)

225 — Le lever de la mariée, par Ph. Trière ; très belle épreuve, marges.

226 — Roxelane, par Le Beau ; belle épreuve à toute marge.

DUPUIS

227 — Voltaire couronné par Mme Vestris, d'après Desrais ; très belle épreuve, grandes marges.

DUPONCHEL

228 — Louis XVI, d'après Vanloo ; deux épreuves dont une à la sanguine, toute marge.

DUTAILLY (d'après)

229 — Imitation de l'antique, gr. en couleur par Mme Lingée, encadré ; très belle épreuve avec marges.

ÉCOLE ANGLAISE

230 — Ce qu'il vous plaira! ovale en couleur, encadré; très belle épreuve petites marges.

231 — Jeune femme dans un parc, ovale en couleur, encadré ; belle épreuve sans marges.

232 — Le Printemps. — L'Été, deux pièces ovales, en couleur, encadrées; épreuves sans marges.

233 — Beauty of St-James, ovale en couleur, encadré; très belle épreuve, petites marges.

234 — Jeune femme présentant un médaillon à son amant, pièce ovale en couleur, encadrée; belle épreuve sans marges.

235 — Portrait de femme en contemplation, encadré; belle épreuve avant les noms d'aitistes, petites marges.

236 — Jeune fille sur un âne, ovale en couleur, encadré; épreuve sans marges.

237 — Romeo and Jullet, ovale couleur, encadré; belle épreuve petites marges.

238 — Girl and favorite cat, et son pendant, deux pièces ovales en couleur, encadrées; belles épreuves, une est rognée.

229 — Sujets gracieux, quatre pièces, encadrées; épreuves avec petites marges.

240 — The august ceremonial of the Royal coronation of his most excellent majesty George the fourth; cinq estampes in-folio imprimées en couleur.

241 — March. of Hertsforde. — Lady Webster. — Mrs Dickens. — Lady Hamilton. — March. of Buckingham. — Miss Mellon. — Mrs Sarah Trimmer. — Lady Thurlow. — Mrs Remble, neuf portraits en couleur, belles épreuves sous verre.

ÉCOLE ANGLAISE.

242 — Sketch of the carriages on the Liverpool and Manchester Railway. — Panorama of the Liverpool and Manchester Railway : deux pièces en couleur, encadrées.

ÉCOLE FRANÇAISE du XVIIIe siècle

243 Chevau-léger en bonne fortune, ovale en couleur, encadré ; belle épreuve, sans marges.

EISEN (d'après Ch.).

244 — Le bouquet bien reçu. — Le mouton favori, deux pièces faisant pendants, par Gaillard ; belles épreuves à toute marge.

ELLIS (W.).

245 — Wiews of the memorable Victory of the Nile, à l'aquateinte, d'après Chesham, quatre feuilles ; superbes épreuves à grandes marges.

ESNAULT & RAPILLY (A Paris chez)

246 — Louis XVI. — Comte de Provence. — Comtesse Du Barry. — Joseph Vernet. — Necker, etc., neuf portraits ; épreuves à toute marges.

247 — Comtesse de Provence. — Marie-Antoinette. — Mlle Lescot, trois portraits gravés par Voyez et Duhamel ; épreuves à toute marges.

FABER (J.).

248 — Antoinette-Elisabeth de Borcke, baronne de Danckelman, d'après Ant. Pesne ; belle épreuve, grandes marges.

249 — The Rt Honble the comtesse of Dorset, manière noire, d'après Kneller ; très belle épreuve, grandes marges.

250 — Portrait de jeune femme, tenant une houlette, manière noire, d'après Pickering ; belle épreuve, avec marges.

FESSARD (M.).

251 — Dorat, médaillon sur un mausolée, dans un cadre orné de colombes, d'après Hoin ; superbe épreuve, à toute marges.

FLIPART (Joseph)

252 — Souverain entouré de sa Cour, d'après J. Amiconi ; belle épreuve petites marges.

FRAGONARD (d'après Honoré)

253 — La bonne mère, par N. de Launay ; très belle épreuve, à toute marges.

254 — La fontaine d'amour. — Le songe d'amour, deux pièces faisant pendants, par Régnault ; belles épreuves avant la dédicace, toute marge.

255 — J'y passerai. — La cachette découverte, deux pièces faisant pendants, par N. de Launay, encadrées ; belles épreuves, grandes marges.

FRANCIA (L.).

256 — Marines, deux lithographies coloriées ; épreuves sans marges.

FREUDENBERG (d'après)

257 — Le petit jour, par N. de Launay, encadré ; très belle épreuve avec marges.

258 — Le bain, par A. Romanet ; belle épreuve avant le numéro, marges.

259 — L'occupation, par Lingée ; très belle épreuve avant le numéro, grandes marges.

GAILLARD (R.).

260 — Catherine princesse de Galitzin, d'après Vanloo ; belle épreuve petites marges.

GALERIE DE LA PRESSE

261 — Dix-sept portraits de littérateurs romantiques; épreuves sur chine.

GAUCHER (Ch.-E.)

262 — Profils de la famille royale, sur une urne funéraire; belle épreuve avant toute lettre, en feuille.

GAUTIER

263 — Antoine Dubois. — J. M. A. Forlanze, deux portraits, d'après Boilly et Vallin; épreuves en couleur, marges.

GILLOT

264 — La naissance. — L'éducation. — Le mariage. — Les obsèques, quatres pièces; belles épreuves, marges.

GODEFROID (F.).

265 — Les poulles aux guinées; belle épreuve avec marges.

GOLE (I.).

266 — Maria-Regina, Koningin Van Engeland, manière noire; belle épreuve, petites marges.

GOUY (de)

267 — Chu-u-u. — Cou-cou, deux pièces ovales, en couleur, encadrées; belles épreuves, petites marges.

268 — La nourrice. — L'amour veille, deux pièces ovales, encadrées; belles épreuves avec marges, une est avant la lettre.

269 — L'amant favorisé. — La leçon de musique, deux médaillons en couleur, cadres cuivre; épreuves avec marges.

270 — L'essai du corset, d'ap. Wille, médaillon en couleur, cadre cuivre; belle épreuve sans marges.

GOUY (de)

271 — Le modèle disposé, d'après Schall, médaillon couleur, cadre cuivre; très belle épreuve, petites marges.

272 — Devine qui c'est. — La position. — La fleuriste, trois pièces pour dessus de tabatière; belles épreuves avec marges.

GOYN (G. de)

273 — Le berceau roïal du duc d'Anjou, belle épreuve avec marges.

GRAVURES DIVERSES

274 — Soixante-trois pièces, eaux-fortes, portraits de romantiques, vues, caricatures, etc.; plusieurs sont avant la lettre.

GREEN (Valentin)

275 — La mort du chevalier de Bayard, d'après A. West; très belle épreuve, petites marges.

GREUZE (d'après)

276 — L'écureuse, par Beauvarlet; belle épreuve avant toute lettre, marges.

277 — L'enfant gâté. — Le silence, deux pièces faisant pendants, par Corbutt; belles épreuves, grandes marges.

278 — Le malheur imprévu, par R. de Launay; belle épreuve avant la dédicace, marges.

279 — La paresseuse, par P.-E. Moitte; épreuve à toute marge.

GUYOT

280 — Angélique et Médor, ovale gravé en couleur; très belle épreuve avant la lettre, à toute marge.

281 — Les soins maternels. — La lecture interrompue, deux médaillons en couleur, sur la même feuille; superbe épreuve, à toute marge.

GUYOT

282 — Le matin. — Le temple de Mars. — Promenade dans un parc, trois pièces en couleur, d'après Pernet et Robert; belles épreuves.

283 — Ruine d'une galerie antique de Rome. — Ruine de la partie intérieure d'une basilique de Rome, d'après Hubert Robert, deux pièces faisant pendants; très belles épreuves à toute marge.

HODGES (Ch.-H.)

284 — Frédéric duc d'York, en pied, d'après Hoppner; très belle épreuve avec marges.

HOUSTON et BOWLES

285 — Pasqual Paoli, deux portraits in-fol. à la manière noire; belles épreuves.

HUET (d'après)

286 — Léda. — Vénus, deux pièces ovales en couleur, faisant pendants, encadrées; belles épreuves sans marges.

287 — L'amour dictant, ovale en couleur; superbe épreuve avant la lettre, grandes marges.

ISABEY (J.)

288 — Portrait de femme; belle épreuve à toute marge, sous verre.

ISABEY (d'après)

289 — Marie-Louise, impératrice des Français, ovale en couleur, encadré; très belle épreuve avec marges.

JACQUE (Ch.)

290 — Etudes lithographiques, cinq pièces sur Chine; épreuves à toutes marges (tirage à 4 ou 5 exempl. Bry).

JANINET

291 — Louis de Berton, dit le Brave Crillon, d'après Lebarbier; deux épreuves, dont une avant toute lettre, marges.

292 — Tarquin et Lucrèce, en couleur, d'après Ch. Eisen; belle épreuve à toute marge.

293 — Les trois grâces, d'après Pellegrini, en couleur; deux épreuves avant la lettre, dont une avant l'impression du rouge.

JAZET

294 — L'Ermite bienfaisant. — L'aveugle en danger. — Les occupations de l'hiver. — Les amusements de l'hiver, quatre pièces en couleur, faisant pendants; très belles épreuves à toute marge.

JENKINS

295 — The Prince Regent, d'après Koster; épreuve coloriée, grandes marges.

JONES (J.)

296 — The Right honorable William Pitt, chancellor of the Exchequer, in-fol. à la manière noire; belle épreuve.

JONES (d'après M.)

297 — Monsieur le comte de Grasse, de profil; belle épreuve, grandes marges.

JOSI (E.)

298 — Jugement de Louis XVI. — Exécution de Marie-Antoinette, sujets divers, huit pièces; belles épreuves, dont trois à l'eau-forte pure.

JOUBERT (A Paris, chez)

299 — Céphale. — La danse. — La vendange, trois médaillons en couleur, pour dessus de tabatière; épreuves avec marges.

JUBIER

300 — Le cerisier, gravure en couleur, d'après Huet, encadré ; très belle épreuve, petites marges.

LALLIÉ (d'après E.)

301 — Le messager fidèle, par L.-M. Halbou ; belle épreuve, marges.

LARMESSIN (de)

302 — A femme avare galant escroc, d'après N. Lancret ; très belle épreuve, avec l'adresse de de Larmessin, toute marge.

303 — Histoire du père Girard et de la Cadière, 6 pièces, d'après Vanloo ;belles épreuves, petites marges.

LAUGIER

304 — Washington, en pied, d'après Cogniet, 1836; belle épreuve sur papier de Chine, grandes marges.

LAURENT (P.)

305 — Le prince de Montbarey. — La princesse de Montbarey, née Mailly-Nesle, 2 portraits in-4, faisant pendants ; belles épreuves, à grandes marges.

LAWREINCE (d'après N.)

306 — L'accident imprévu. — La sentinelle en défaut, grav. en couleur, par Darcis, deux pièces faisant pendants ; belles épreuves, marges.

307 — L'assemblee au concert. — L'assemblée au salon, deux pièces faisant pendants, gravées par Dequevauviller ; très belles épreuves à grandes marges.

308 — L'heureux moment, par N. de Launay, encadré ; belle épreuve, avec marge.

309 — L'innocence en danger, par Caquet, encadré ; belle épreuve, à toute marge.

LAWREINCE (d'après N.)

310 — Les nymphes scrupuleuses, par Vidal : épreuve à grandes marges.

311 — Le restaurant, par Deni ; très belle épreuve, marges.

312 — Le retour trop précipité, par J.-A. Pierron ; belle épreuve à toute marge.

313 — Les sabots, par J. Couché ; très belle épreuve, en feuille.

LE BEAU

314 — Mme la comtesse du Barry, d'après Marilly ; épreuve à toute marges.

315 — La faible résistance, ou le verrou. — L'amant victorieux, suite du verrou, deux pièces faisant pendants, d'après Binet et Dauzel ; belles épreuves, grandes marges.

LE BRUN (d'après Me Vigée)

316 — L'irrésolue, par Donnel ; belle épreuve avant la lettre sans marges.

LE CLERC (d'après)

317 — La tulipe cassée, médaillon en couleur, par Patron, encadré ; très belle épreuve, avec marges.

LE CŒUR

318 — Blifil. — Betty, deux pièces ovales en couleur, faisant pendants, encadrées ; belles épreuves, avec marges.

LEGRAND (A.)

319 — Le roman. — La romance, deux pièces en couleur, d'après Schmit, encadrés ; épreuves avec marges.

LEGRAND (P. F.)

320 — Orange Girl, ovale en couleur, d'après Bénovell, encadré ; très belle épreuve, grandes marges.

LE MIRE (M.)

321 — Le crainte, d'après J.-B. Le Prince ; belle épreuve avec marges.

LEVACHEZ

322 — Ils reviendront. Portraits des princes de Condé : Comte d'Artois et Monsieur, frère du roi, médaillon en couleur ; belle épreuve, petites marges.

323 — Charles-Philippe, comte d'Artois, ovale en couleur, d'après Laplace, encadré ; très belle épreuve avec marges.

L'ÉVEILLÉ

324 — L'amour et la fidélité, ovale en couleur, d'après Huet ; superbe épreuve à toute marges.

LEVILLY (J. P.)

325 — Je l'attendais. — Quand reviendra-t-il, deux pièces en couleur, faisant pendants, encadrées ; belles épreuves, marges.

LINDOR DE TOULOUSE

326 — Le Bat, d'après Schall ; belle épreuve, grandes marges.

LITTRET

327 — Louis, Dauphin. — Marie-Josephe de Saxe, deux pièces faisant pendants ; belles épreuves en feuille.

LONGUEIL (de)

328 — Les modèles, d'après Le Prince ; belle épreuve, grandes marges.

MALLET (d'après)

329 — Chit ! chit ! — Par ici, en couleur par Copia ; épreuves avec marges, encadrées.

330 — La famille intéressante, par Pérée, en couleur ; très belle épreuve avant la lettre, les noms des artistes à la pointe, marges.

MALLET (d'après)

331 — Julie. — Saint Preux, deux pièces faisant pendants, par Copia ; épreuves avec la lettre grise, marges.

332 — Qui va là ? belle épreuve avant toute lettre, grandes marges.

MARCHAND

333 — Les approches de la guinguette. — Les amusements espagnols, deux pièces ; épreuves à grandes marges.

MARIN

334 — The Welcome Necos, en couleur ; belle épreuve, grandes marges.

MASSOL

335 — J.-P. de Florian, d'après Quéverdo ; épreuve en couleur, avant les noms d'artistes, marges.

MICHEL (J.-B.)

336 — Pierre-Louis Dubus de Préville. — Mademoiselle Angélique Drouin, femme Préville, deux portraits faisant pendants, d'après Colson ; épreuves à grandes marges.

MIXELLE

337 — Le roman, gravé en couleur, d'après Garneray, encadré ; très belle épreuve, grandes marges.

338 — Jeune femme assise admirant un tableau, gravé en couleur, superbe épreuve avant toute lettre, grandes marges.

MONSALDY

339 — Madame Dugazon, en couleur, d'après Isabey, encadré ; très belle épreuve, grandes marges.

MONSALDY & DEVISME

340 — Vue des ouvrages de peinture des artistes vivants, exposés au

Muséum central des arts en l'an XIII, de la R. F. pl. 1re; belle épreuve, grandes marges,

MONTAGNES RUSSES

341 Trois pièces coloriées, Lithog. de Lasteyrie ; belles épreuves.

MOREAU LE JEUNE (J. M.)

342 — Fondation pour marier dix filles, d'après H. Gravelot; belles épreuves, petites marges.

343 — Cathédrale d'Orléans, in-12, d'après Trouard; belle épreuve, marges.

MOREAU LE JEUNE (d'après)

344 — F. A. M. de Raucourt, actrice, par Lingée; belle épreuve à toute marges.

345 — Le souper fin, par Helman ; belle épreuve, petites marges.

MORLAND (d'après)

346 — La partie quarrée. — La partie de pêche, deux pièces faisant pendants, gravées au pointillé par Augustin Legrand ; très belles épreuves à toute marge.

347 — La partie quarrée, gravé en couleur, par Augustin Legrand ; tres belle épreuve, marges.

348 — La traite des nègres. — L'africain hospitalier, deux pièces en couleur faisant pendants, par Rollet ; belles épreuves à grandes marges.

NÉE

349 — Chambre du cœur de Voltaire, d'après Duché ; épreuve avant la dédicace, toute marge.

NEWHOUSE (d'après)

350 — Taking an inside Birth. — Hold hard ! you have forgot the Lady ! deux pièces coloriées, encadrées.

NOEL (C.)

351 — Adrienne Chameroy, danseuse, d'après Delaplace, sous verre; épreuve avec marges.

OWEN (d'après W.)

351*bis* — The road side. — The cottage door, deux pièces en couleur par W. Say et Henry Meyer, encadrées; superbes épreuves à grandes marges.

PAROY (Comte de)

352 — Mme la duchesse de Polignac, encadré; belle épreuve, rognée et giomisée.

353 — Madame Vigée Lebrun; belle épreuve avant la lettre, marges.

354 — Les Antiques, composition ronde pour guéridon; belle épreuve à toute marge.

PFEIFFER (C.)

355 — Madame la princesse de Liechtenstein née comtesse de Manderscheid. — Thérèse comtesse de Kinsky, née comtesse de Dietrichstein, deux portraits ovales faisant pendants, d'après J. Grassy, encadrés; très belles épreuves, grandes marges.

PORTRAITS

356 — Marquise du Châtelet. — Charlotte Corday. — Louis XVII, quatre pièces en couleur, encadrées.

357 — Barra. — Alexandre Ier. — Lepelletier de Saint-Fargeau, trois médaillons en couleur, encadrés; épreuves sans marges.

PRUDHON (d'après P.-P.)

358 — La liberté, par Copia; belle épreuve avant la lettre, marges.

359 — L'amour réduit à la raison. — Le cruel rit des pleurs qu'il fait verser. — La vengeance de Cérès, trois pièces par Copia; belles épreuves avec marges.

PURCELL (R.)

360 — Marquise de Pompadour, manière noire, d'après Ch. Coypel ; belle épreuve, marges.

QUEVERDO (d'après)

361 — La fille surprise, gravure en couleur, par Patas ; très belle épreuve, grandes marges.

362 — La sollicitation amoureuse, par Le Beau ; belle épreuve, marges.

RAFFET

363 — Le réveil. — La revue nocturne ; belles épreuves sur Chine, à toute marge.

RAMBERG

364 — Les lunettes. — Le rossignol, deux pièces au trait ; épreuves à toute marge.

REGNAULT

365 — Le matin. — Le soir. — La nuit, trois pièces ; belles épreuves avant la lettre, à toute marge.

366 — Le matin ; épreuve à toute marge.

367 — Le baiser à la dérobée, d'après Fragonard, en couleur ; superbe épreuve avant la lettre, les noms à la pointe, marges.

368 — La même estampe, en noir, encadrée ; épreuve avec marges.

RIDÉ

369 — Mademoiselle de Lavallière en carmélite, d'après Ch. Lebrun ; belle épreuve en couleur, marges.

ROWLANDSON

370 — The Paviors Joy. — The chairmen's Terror, deux pièces en couleur, faisant pendants ; belles épreuves, grandes marges.

ROWLANDSON (d'après)

371 — Le Vaux-hall, par R. Pollart; belle épreuve ancienne, encadrée.

RYLAND (W.-W.)

372 — Rustick Emploie, ovale en couleur, encadré ; belle épreuve rognée.

SAINT-AUBIN (Aug. de)

373 — Comptez sur mes serments. — Au moins, soyez discret, deux pièces faisant pendants, encadrées; très belles épreuves, grandes marges.

374 — Jupiter et Léda, d'après Paul Véronèse ; superbe épreuve avant la lettre, à toute marge.

375 — Le Kain, d'après S.-B. Lenoir; superbe épreuve avant la lettre, les noms à la pointe, toute marge.

376 — Nicolas de Launay, graveur ; belle épreuve à toute marge.

SAINT-AUBIN (d'après Aug. de)

377 — Le bal. — Le concert, deux pièces faisant pendants, gravées par Duclos ; superbes épreuves, grandes marges.

378 — La promenade des remparts de Paris. — Tableau des portraits à la mode, deux pièces faisant pendants, gravées par Courtois; très belles épreuves, grandes marges.

379 — La sollicitude maternelle. — La tendresse maternelle, deux pièces faisant pendants, gravées en couleur, par Sergent et Marais; belles épreuves, grandes marges.

SAINT-AUBIN (Gabriel de)

380 — La marchande de marrons ; superbe épreuve avant toute lettre, en feuille.

SARABAT (Publié chez)

381 — Alexandre Boudeau, imprimeur du roi, d'après Cl. Le Feure; belle épreuve.

SAYER (Publié chez)

382 — Jupiter and Anthiope. — Cupid begging his quiver of Vénus, deux pièces faisant pendants, d'après Boucher; belles épreuves, petites marges.

383 — A lady in Waiting. — The contemplative charmer, deux pièces en couleur, faisant pendants, encadrées; belles épreuves, petites marges.

384 - Modesty, gravé en couleur, belle épreuve, marges.

SCHAFFER (d'après)

385 — Les friseurs sur le graben, gravure coloriée, encadrée; épreuve à grandes marges.

SCHALL (d'après)

386 — Le bouquet impromptu, gravure en couleur, par Aug. Legrand, encadrée; belle épreuve à grandes marges.

387 — La défaite. — La conviction, deux pièces, par Marchand; belles épreuves, marges.

SERGENT ?

388 — Les chanteurs du boulevard. — Les diseurs de bonne aventure, deux pièces de forme ronde, encadrées; belles épreuves en bistre, petites marges.

SICARDI (d'après)

389 — Oh! che Boccone! par Burke, deux épreuves en bistre, dont une avant la dédicace, en feuilles.

SINTZENICH (H.)

390 — Fréderique-Charlotte de Prusse, in-folio, en pied, avec des moutons dans un parc; superbe épreuve, avant toute lettre, grandes marges.

SIXDENIERS

391 — Arago, d'aprés Henry Scheffer; deux épreuves, dont une à l'eau-forte pure.

392 — J.-B.-P. Molière, d'après Coypel; belle épreuve, à toute marge.

SMITH (d'après)

393 — Thoughts ou matrimony, ovale en couleur, par Boillet, encadré; très belle épreuve, avec marges.

SPILSBURG (H.)

394 — Catherine Macaulay, manière noire, d'après J. Cath. Read; très belle épreuve, petites marges.

SPORT

395 — Collection de onze planches lithographiques, représentant la vue de Newmarket et la vie du cheval de course, par A. Dubost, 1826; album avec texte et couverture.

STRANGE (R.)

396 — Vénus, d'après le Titien; belle épreuve.

VÉRITÉ (A Paris, chez)

397 — Rabaud — Couthon. — Barère. — Barnave. — Petion. — Lechapelier. — Lameth. — Duc d'Orléans. — Clermont-Tonnerre, 10 portraits en couleur, encadrés; belles épreuves avec marges.

VISPRÉ

398 — Me Anne-Henriette de France, in-4, à la manière noire, d'après Liotard; très belle épreuve.

397 — Louis XV, à la manière noire, d'après Liotard; épreuve à toute marge.

WATELET (C.-H,)

400 — Marguerite Lecomte, de face, tenant un petit chien, eau-forte; très belle épreuve.

ZAFONATO

401 — Summer. — Winter, deux pièces en couleur d'après Wheatley, encadrés ; belles épreuves avec marges.

402 — Sous ce numéro il sera vendu par lots environ 4,000 estampes, en noir et en couleur, portraits et vignettes, costumes de modes, eaux-fortes, etc., etc.

LIVRES

403 — CAZIN (Edition de). — Le fond du sac, 2 tomes en un. — Piron, 2 vol. — Parny, 2 vol. — Richardet, 2 vol. — L'art d'aimer. — Confucius. — Les jardins, etc., ensemble 12 volumes.

404 — DELVAU (A.). — Les heures parisiennes. — Les cythères parisiennes. — Les barrières de Paris, 3 vol. in-12, dem. rel. ébarbés.

405 — GAVARNI. — Masques et visages. — LASSALLE, L'hôtel des haricots. — De Vigny et Baudelaire, Posper Mérimée, Mme Etienne, publ. chez Chavaray, 5 volumes in-8.

406 — Caractères de Théophraste, 2 vol. 1763. — Guzman d'Alfarache, 2 vol. — Comte de Valmont, 5 vol. ensemble 9 vol. reliés.

407 — Traité de la baguette divinatoire, 2 vol. — Histoire de D. Ranucio d'Aliétès, 2 vol. — Révolution de Portugal. — Doctrine des mœurs. — Éloge de la folie, etc., 13 volumes in-12, reliés.

408 — Elégies de Tibulle, 3 vol. — Philosophie du bonheur, 2 vol. — Histoire d'Elien. — Offrande aux autels, poèmes de M. Haller ensemble 9 vol. in-8, reliés.

409 — Contes moraux de Marmontel, 3 vol. figures de Gravelot. Œuvres de Piron, 3 vol. fig. de Cochin. Essais sur Paris, 5 vol. ensemble 11 vol. in-12, reliés.

410 — Fables de Lafontaine, 2 vol. front. — Collections d'Héroïdes 10 vol. — Œuvres de Deshoulières, 2 vol. front., ensemble 14 vol. in-12, reliés.

411 — Jocelyn, 2 vol. — Révolution et Constitution française, 2 vol. — Dictionnaire de la fable. — Odes d'Anacréon, etc., 9 vol. in-18, cartonnés et reliés.

412 — Les Saisons, par Thompson. — La Pitié. — Poésies de Léonard. — Le paradis terrestre, 4 vol. in-8, rel. veau, figures.

413 — Les quatre parties du jour, par Zacharie. — Daphnis et Chloé. — Mes Fantaisies, 3 vol. in-8, rel. veau, figures.

414 — Œuvres de Jouy, 2 vol. — Angélique et Jeanneton, par Pigault-Lebrun, 2 vol. non rognés. — Bélisaire. — La Déclamation théâtrale. — Le temple de Guide, ensemble 7 vol. in-8, reliés.

415 — L'orpheline anglaise, 2 vol. — Lettres à Emilie, 3 vol. — Crebillon, 3 vol. — Colardeau, 2 vol. — Léonard, 2 vol., ensemble 12 vol. in-18, reliés.

416 — Werther, 1794, 3 vol., fig. de Queverdo. — Grammont. 2 vol. — Adolphe, 3 vol. — Lettres sur l'Italie, 3 vol. — Parny, 2 vol. — Gilbert, 2 vol. — Les Incas, 3 vol., ensemble 18 volumes reliés et brochés.

417 — Onze volumes in-12, cartonnés percal., ébarbés, de Rousseil, E. de Molènes, Virmaître, Mané, Podestat, etc.

418 — Neuf volumes in-12, cart. percal., ébarbés, de Frémy, Prével, Yriarte, Mancel, Assolant, Lacaussade, etc.

419 — Treize volumes in-12, brochés, de Delvau, Arène, Flaubert, Moreau, Privat d'Anglemont et autres.

420 — Douze volumes in-12, brochés, de Theuriet, Champfleury, Lemercier de Neuville, Fournier, Th. de Banville, etc.

421 — Dix-neuf volumes in-12 et in-18, brochés, de Champfleury, Moinaux, Souvestre, Saint-Amant, Arène, etc

Imp. Pairault & Cie, 3, Passage Nollet. — Paris

www.ingramcontent.com/pod-product-compliance
Ingram Content Group UK Ltd.
Pitfield, Milton Keynes, MK11 3LW, UK
UKHW021522260726
13993UKWH00004B/1842